La **hora** de la ve

Jugadores
de todo el mundo

Lesley Ward

Créditos de publicación

Rachelle Cracchiolo, M.S.Ed., *Editora comercial*
Conni Medina, M.A.Ed., *Gerente editorial*
Nika Fabienke, Ed.D., *Realizadora de la serie*
June Kikuchi, *Directora de contenido*
Caroline Gasca, M.S.Ed., *Editora*
Michelle Jovin, M.A., *Editora asociada*
Sam Morales, M.A., *Editor asociado*
Lee Aucoin, *Diseñadora gráfica superior*
Sandy Qadamani, *Diseñadora gráfica*

Créditos de imágenes: Portada y págs.1, 22 Bossaball International; págs.4–5 Simon Balson/Alamy Stock Photo; págs.12–13 epa european pressphoto agency b.v./Alamy Stock Photo; págs.20–21 David Buzzard/ Alamy Stock Photo; págs.22–23 Jaap Arriens/Alamy Stock Photo; las demás imágenes de iStock y/o Shutterstock.

Teacher Created Materials

5301 Oceanus Drive
Huntington Beach, CA 92649-1030
http://www.tcmpub.com

ISBN 978-1-4258-2704-5

© 2018 Teacher Created Materials, Inc.
Printed in China
Nordica.012018.CA21701376

Contenido

¿Qué es un deportista?

Una mujer corre por una pista lo más rápido posible. Un hombre golpea una bola de béisbol con un bate. Una joven patea un balón de fútbol al arco. Estas personas son deportistas. Practican un deporte y compiten.

Muchos deportistas compiten porque les agrada ejercitarse. A otros les gusta la sensación que les genera ganar. Algunos practican deportes para ejercitarse con otros. A estas personas les agrada competir en equipo. Te guste practicar solo o en equipo, ¡hay un deporte para cada uno!

Imani Lansiquot compite en el
Campeonato Británico de 2016.

La preparación

Los deportistas practican los mismos movimientos una y otra vez. Lo hacen para mejorar sus **destrezas**. Así se preparan para el siguiente encuentro. Los jugadores de fútbol corren para desarrollar los músculos. Los esquiadores bajan montañas nevadas para ir más rápido. Los nadadores dan vueltas en una piscina.

Los acompaña un entrenador. Su trabajo es ayudar al deportista. El trabajo del deportista es escuchar al entrenador. Dependen el uno del otro para triunfar.

Un esquiador
practica para
esquiar más
rápido.

Para prepararse, los deportistas también deben cuidar su dieta. Tienen que comer saludablemente. Esto significa ingerir muchas frutas y vegetales y beber abundante agua. Comer alimentos saludables es una manera de mantenerse en forma.

También es importante dormir. Sirve para relajar los músculos cansados. Algunos estudios demuestran que cuanto más dormimos, más preparados estamos para enfrentar el día. Por lo tanto, ¡duerme para alcanzar el éxito!

Beber agua es una gran forma de mantenerse sano.

Una vez que pasó la **preparación**, ¡es hora de jugar! Muchos deportistas practican varios deportes. Las destrezas que aprenden con uno pueden servirles para practicar otros.

A veces, las personas eligen un deporte según la época del año. Tal vez practiquen béisbol en verano. Pero, cuando hace frío, juegan *hockey*. En otros casos, eligen su deporte según el lugar donde viven.

El *hockey* sobre hielo es un deporte de invierno popular.

La hora de la verdad entre deportistas mundiales

En todo el mundo se practican muchos deportes. Algunos solo se realizan en ciertos lugares. Pero incluso los deportes más raros comparten **rasgos** con otros.

Escaladores de postes contra leñadores

Un deporte **único** que se practica en la India es el *mallakhamb*. La palabra *malla* significa "luchador". La palabra *khamb* significa "poste".

Estos deportistas escalan postes de madera. Arriba realizan acrobacias durante 90 segundos. Para ganar, deben ser fuertes y tener mucho equilibrio.

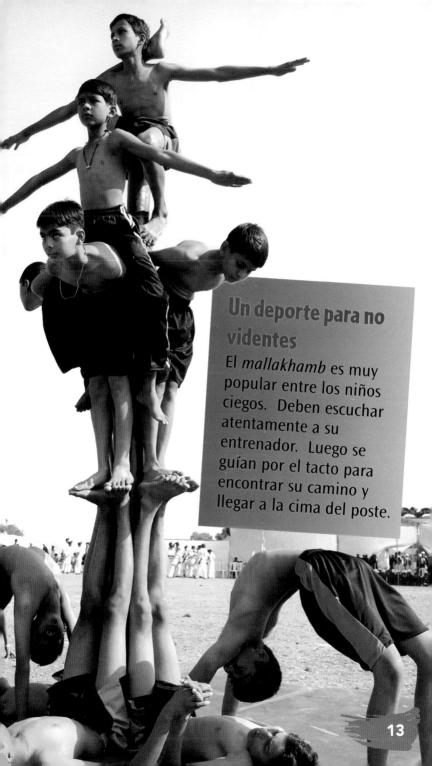

Un deporte para no videntes

El *mallakhamb* es muy popular entre los niños ciegos. Deben escuchar atentamente a su entrenador. Luego se guían por el tacto para encontrar su camino y llegar a la cima del poste.

13

Del otro lado del mundo, en Canadá, los leñadores no escalan postes. Los usan para probar su fuerza.

Compiten para ver cuán rápido cortan grandes troncos. Ven con qué profundidad meten sus hachas en los troncos. Corren por troncos flotantes e intentan no caerse. Deben tener brazos fuertes y un buen equilibrio para ser los mejores.

Este leñador usa su fuerza para serruchar un tronco grueso.

La hora de la verdad: Kárate

Para ganar una competencia de kárate, se debe ser **flexible** y rápido. ¿Quién ganaría en kárate: un deportista de *mallakhamb* o un leñador? ¿Por qué? ¿Qué destrezas le servirían a cada uno?

Luchador de sumo contra jugadora de netball

En Japón, dos luchadores de sumo se enfrentan en un *ring* circular. Golpean el suelo con los pies. Luego comienza el **combate**. Se empujan entre sí.

Para ganar, los luchadores de sumo deben lograr que sus **rivales** caigan al suelo o queden fuera del *ring*. Como la fuerza es tan importante, deben ser grandes y fuertes.

Dilo en japonés

En lugar de *shorts*, los luchadores de sumo usan una tela llamada *mawashi*. El *ring* circular se denomina *dohyo*.

Luchadores de sumo compiten en Tokio, Japón.

En Australia, la velocidad, y no la fuerza, es clave para practicar *netball*. Este rápido deporte se parece al baloncesto. Pero las reglas son distintas.

En el *netball*, las jugadoras no pueden correr con el balón. En cambio, deben arrojarlo desde donde estén. Y el aro no tiene tablero. Para ganar, las jugadoras de *netball* deben correr y cambiar de dirección rápidamente.

La hora de la verdad:
Balón prisionero

Para ganar en el balón prisionero, es necesario evitar el balón. ¿Quién ganaría un partido de balón prisionero: un luchador de sumo o una jugadora de *netball*? ¿Por qué? ¿Qué destrezas le servirían a cada uno?

Patinadora de roller derby contra jugador de bossaball

En Estados Unidos, las patinadoras de *roller derby* aceleran en la pista. El equipo más rápido gana.

Las "anotadoras" ganan puntos por ser las más rápidas. Las "bloqueadoras" intentan hacer que las anotadoras disminuyan la velocidad o tratan de detenerlas para que no pasen. Se golpean para abrirse camino. ¡Hay muchos choques y caídas! Para ganar en el *roller derby*, las patinadoras deben ser muy veloces.

Esta bloqueadora intenta sacar de la pista a la anotadora para que no marque un punto.

Nombres disparatados

Las patinadoras de *roller derby* se ponen nombres ingeniosos. Podrías alentar a una anotadora llamada "Cohete". "Zombi Soy" podría sacar a una rival de la pista. ¡"Bloque de chocolate" podría bloquear muchos puntos!

En España, hay un deporte para los deportistas valientes: *bossaball*. Es una mezcla de varios deportes. Puedes ver un parecido con un partido de vóleibol o con uno de fútbol.

Pero no solo esto hace único a este deporte. ¡Además se juega sobre una cama elástica!

Los jugadores rebotan y dan vueltas en el aire. Intentan golpear el balón y hacerlo pasar al otro lado de la red para anotar. Los mejores jugadores de *bossaball* son fuertes y flexibles.

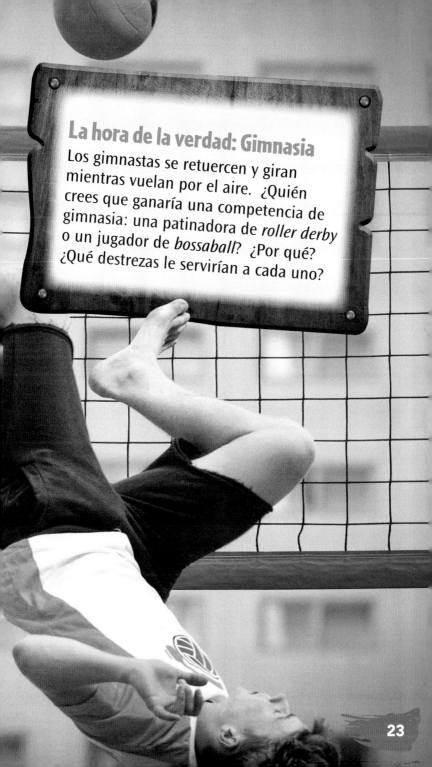

La hora de la verdad: Gimnasia

Los gimnastas se retuercen y giran mientras vuelan por el aire. ¿Quién crees que ganaría una competencia de gimnasia: una patinadora de *roller derby* o un jugador de *bossaball*? ¿Por qué? ¿Qué destrezas le servirían a cada uno?

Las reglas del juego

Las reglas explican cómo se debe jugar y qué se necesita para ganar. Hacen que el juego se desarrolle sin problemas. Gracias a las reglas, todos los jugadores reciben un trato equitativo.

Además, las reglas son importantes para ganar. Si no las sigues, podrías perder puntos o quedar fuera parte del partido. ¡Incluso podrían expulsarte!

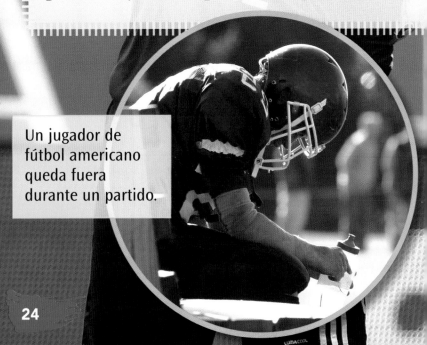

Un jugador de fútbol americano queda fuera durante un partido.

Si no sigues las reglas del fútbol, el árbitro podría sacarte tarjeta roja.

Encuentra el deporte para ti

Has aprendido sobre algunos deportes únicos. ¡No es necesario viajar por el mundo para probarlos! Rebota sobre una cama elástica para practicar tu destreza para el *bossaball*. Intenta algunos tiros al aro para ver si te gusta jugar *netball*. Patina por tu vecindario y entrena para el *roller derby*. ¡O inventa tu propio deporte!

Practica las destrezas que necesitarás para triunfar. A veces ganarás y otras veces perderás. Pero siempre te divertirás.

¡Buen juego!

Puedes decir "buen juego" en varios idiomas. En Japón, es "Yoi gēmu". En Estados Unidos, "good game". Un deportista australiano diría "Well played, mate!".

Esta tenista practica
para ser la mejor.

Glosario

combate: una competencia o un partido

destrezas: habilidades que resultan de entrenar y practicar

flexible: capaz de doblar el cuerpo de muchas maneras

preparación: pasos necesarios para estar listo para algo

rasgos: cualidades que comparten los grupos de personas o cosas

rivales: quienes intentan derrotar a otras personas

único: especial o inusual